ANNA GRUNDULS DESIGN
ANNA GRUNDULS . COM

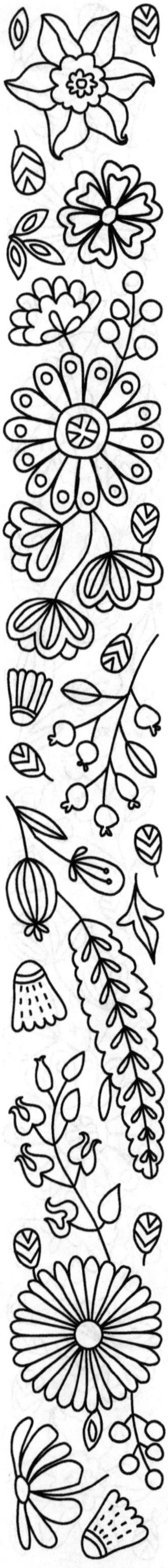

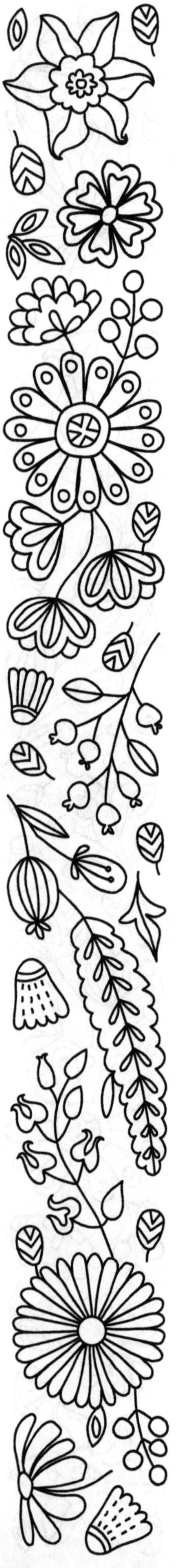

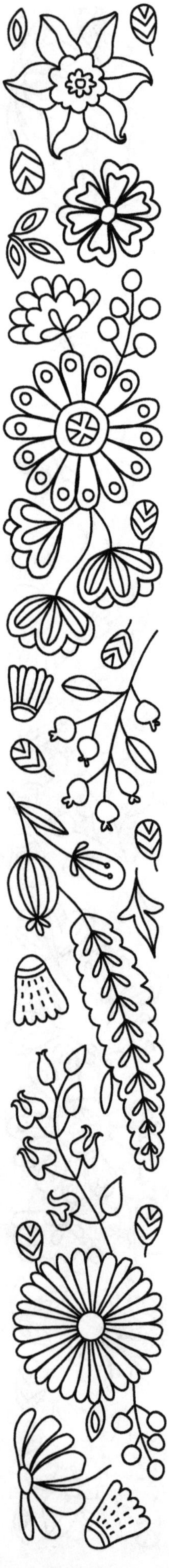

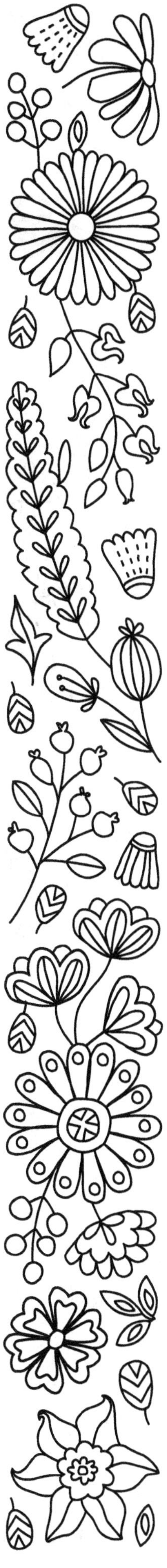

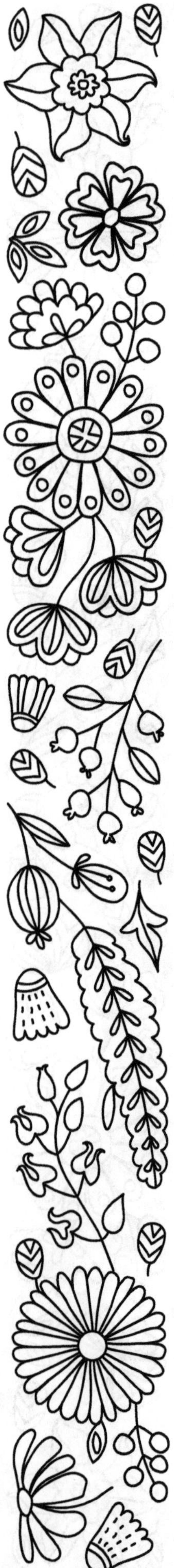

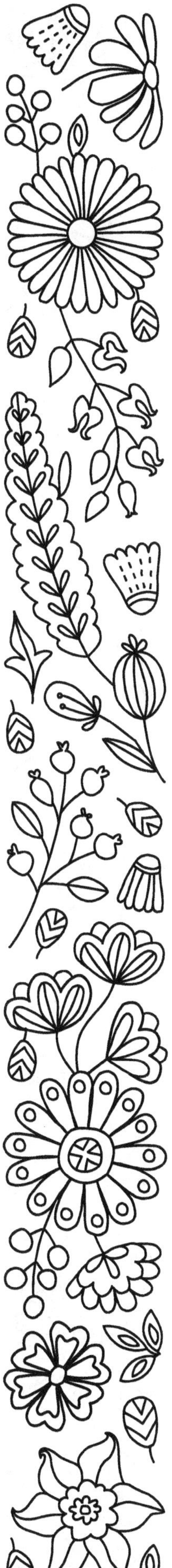

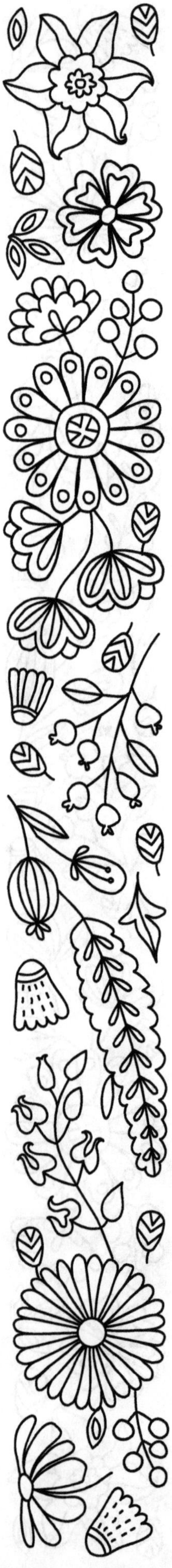

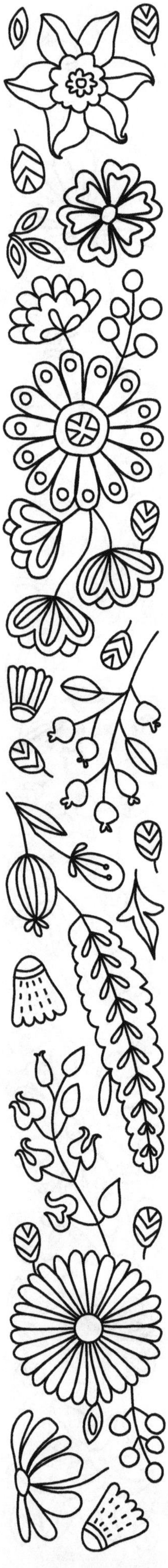

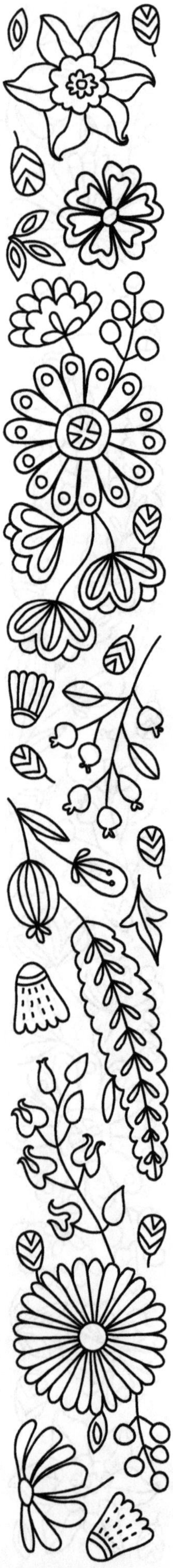

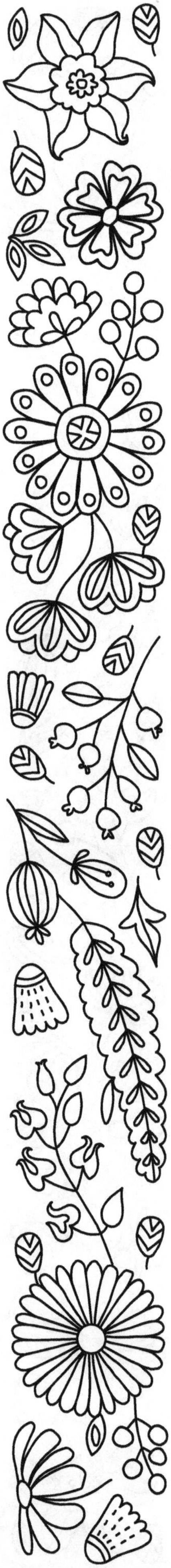

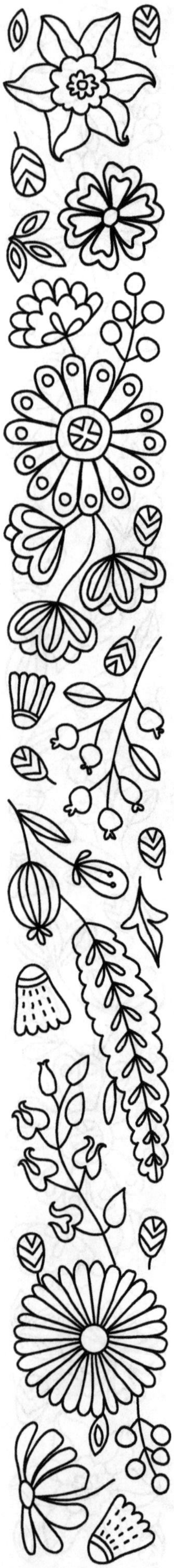

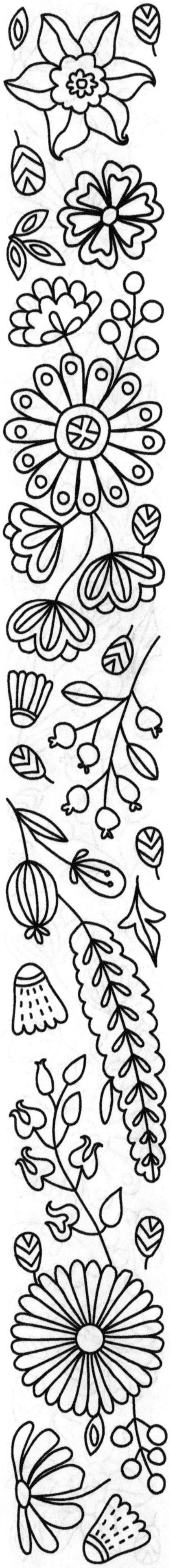

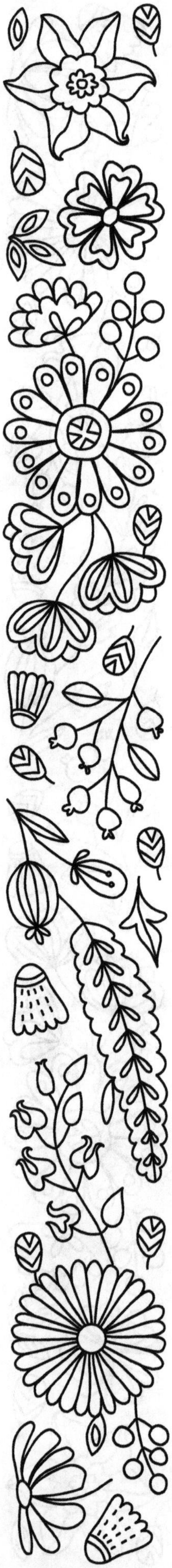

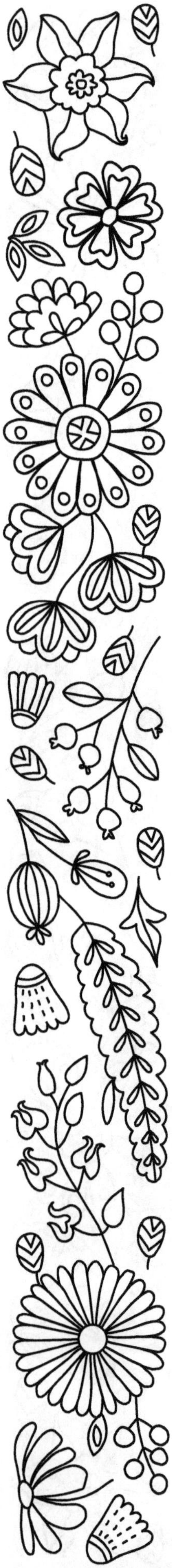

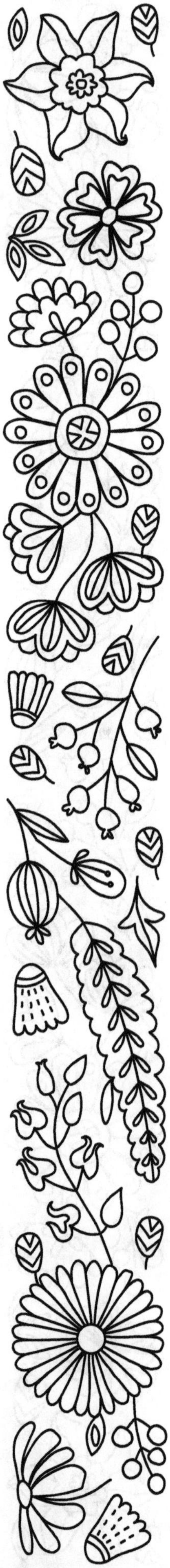

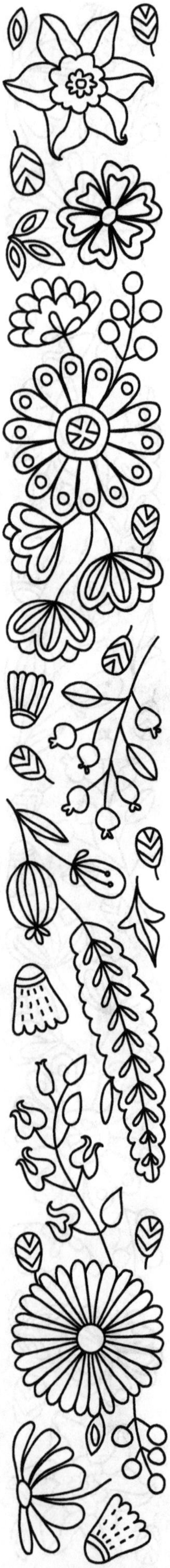

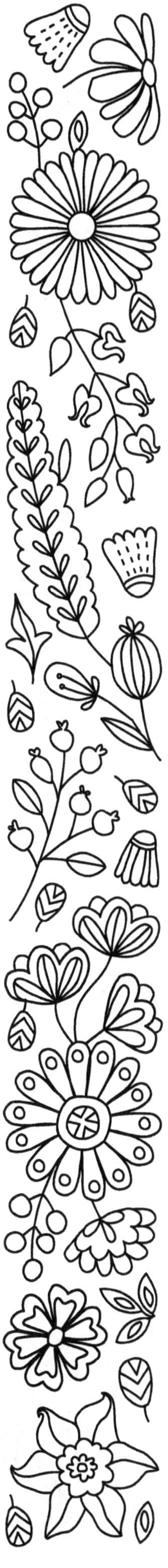

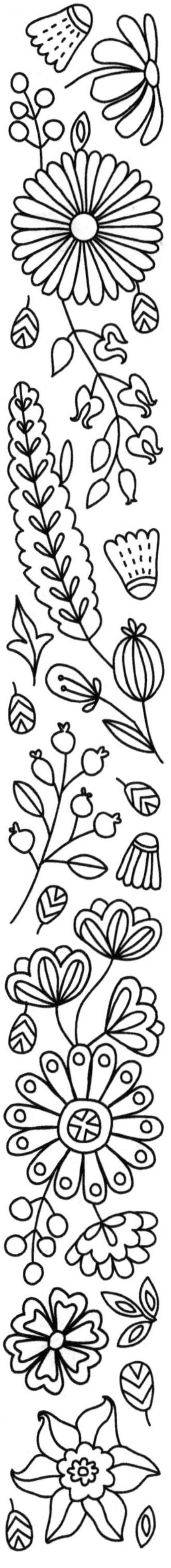

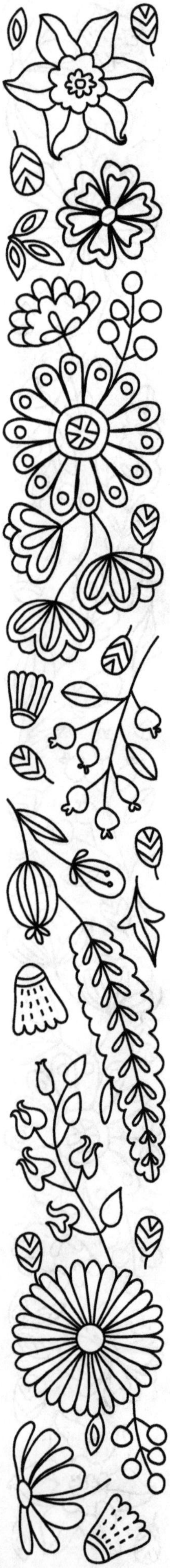

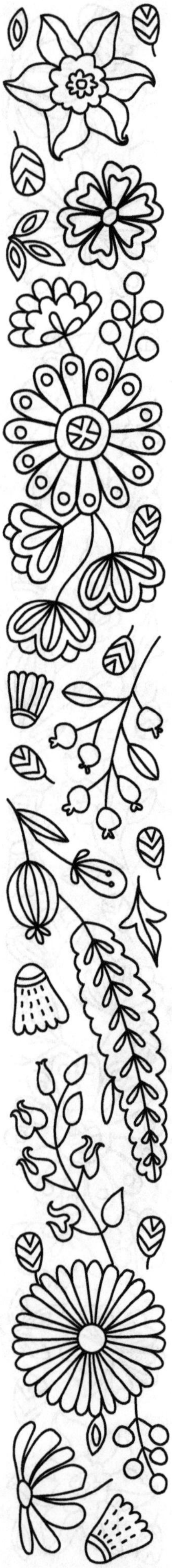

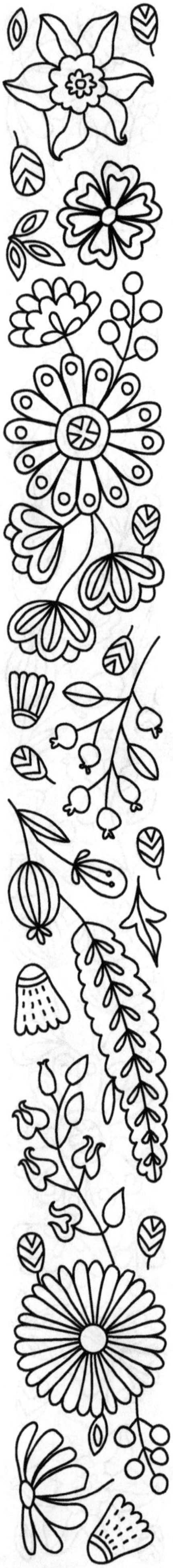

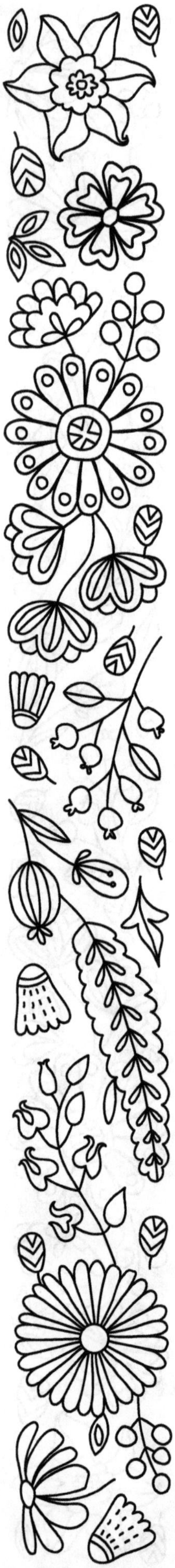

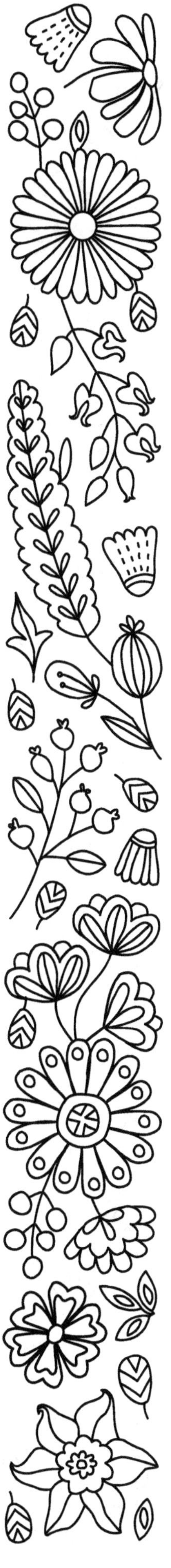

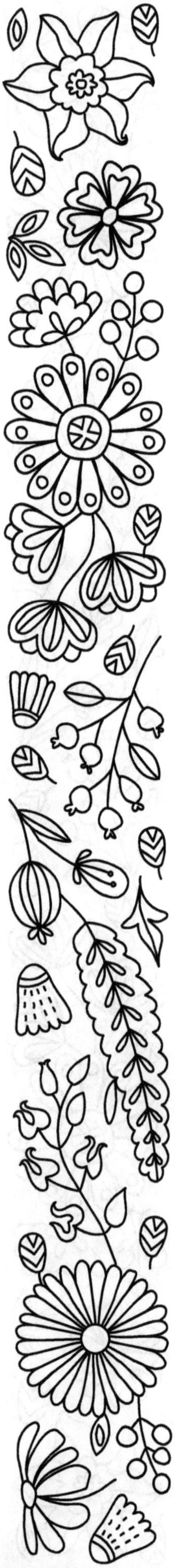

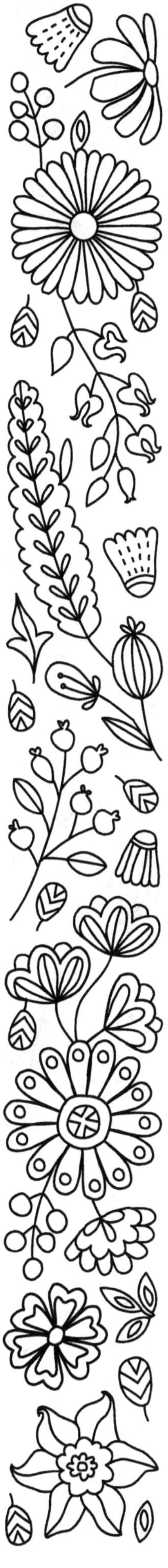

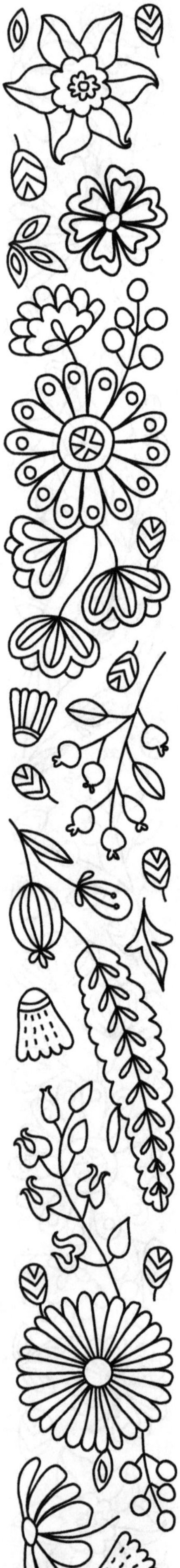

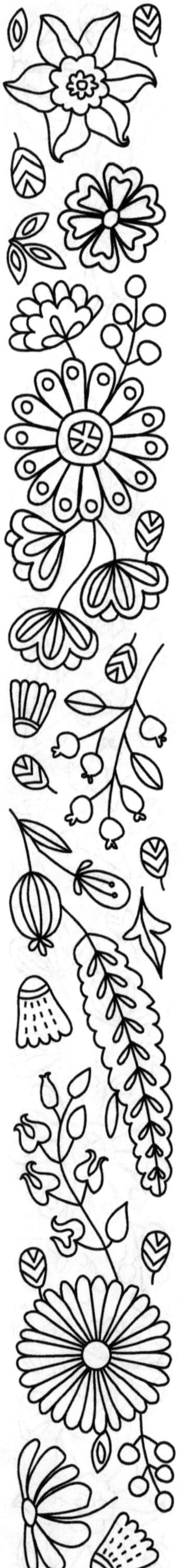

www.ingramcontent.com/pod-product-compliance
Lightning Source LLC
Chambersburg PA
CBHW080557060326
40689CB00021B/4886